Impressum
Verlag: BABADADA GmbH, Nedderfeld 112 , 22529 Hamburg
Geschäftsführer / Verlagsleitung: Harald Hof
Druck: Books on Demand GmbH, In de Tarpen 42, 22848 Norderstedt

Imprint
Publisher: BABADADA GmbH, Nedderfeld 112 , 22529 Hamburg, Germany
Managing Director / Publishing direction: Harald Hof
Print: Books on Demand GmbH, In de Tarpen 42, 22848 Norderstedt

school

school

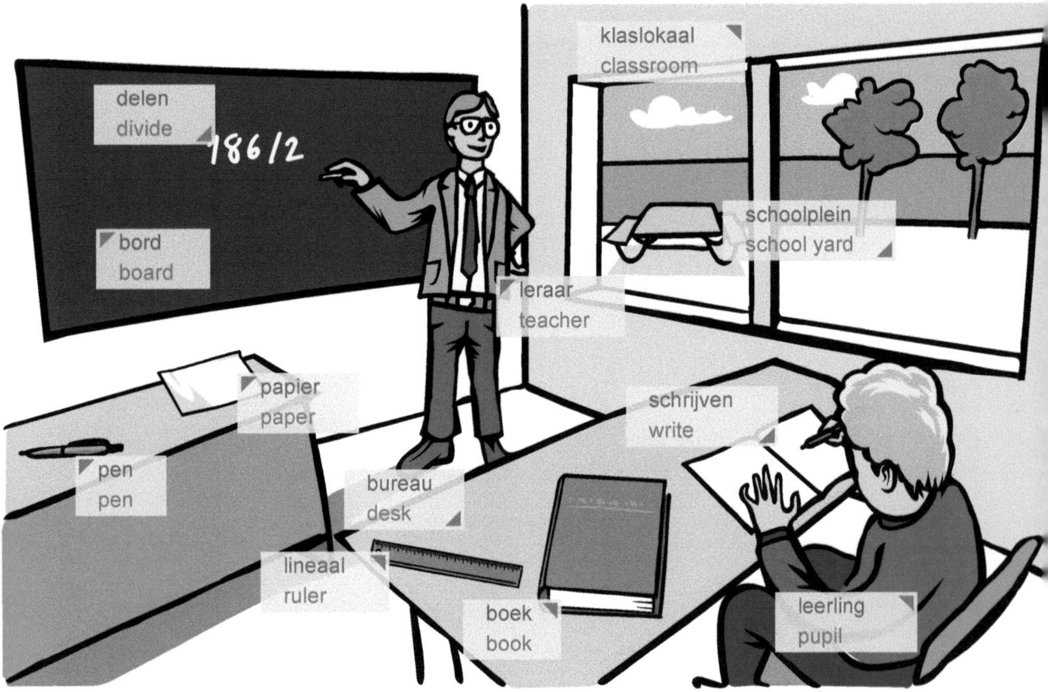
klaslokaal
classroom
delen
divide
186/2
bord
board
schoolplein
school yard
leraar
teacher
papier
paper
schrijven
write
pen
pen
bureau
desk
lineaal
ruler
boek
book
leerling
pupil

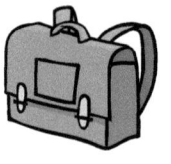

schooltas
satchel

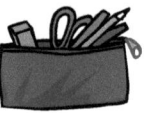

etui
pencil case

potlood
pencil

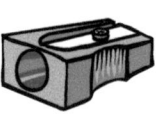

puntenslijper
pencil sharpener

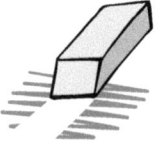

gum
rubber

schetsblok
drawing pad

tekening

drawing

penseel

paintbrush

verfdoos

paint box

schaar

scissors

lijm

glue

schrift

exercise book

huiswerk

homework

12

getal

number

2+2

optellen

add

5-2

aftrekken

subtract

2×2

vermenigvuldigen

multiply

rekenen

calculate

A

letter

letter

ABCDEFG
HIJKLMN
OPQRSTU
VWXYZ

alfabet

alphabet

hello

woord

word

tekst
text

lezen
read

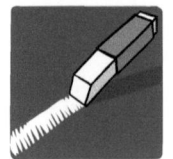

krijt
chalk

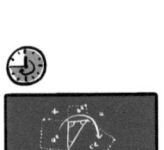

les
lesson

klassenboek
register

examen
exam

diploma
certificate

schooluniform
school uniform

opleiding
education

encyclopedie
encyclopedia

universiteit
university

microscoop
microscope

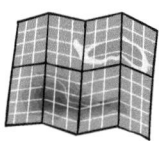

kaart
map

prullenmand
waste-paper basket

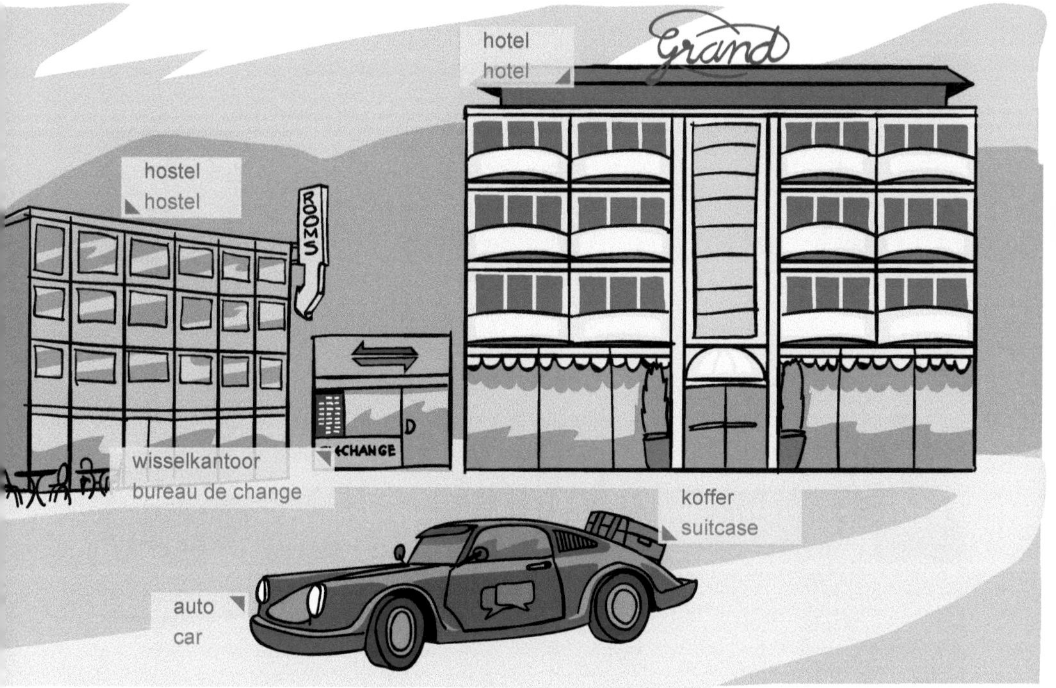

hotel
hotel
Grand
hostel
hostel
ROOMS
EXCHANGE
wisselkantoor
bureau de change
koffer
suitcase
auto
car

taal

language

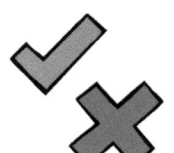

ja / nee

yes / no

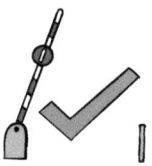

oké

Okay

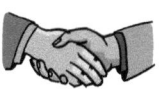

Hallo!

hello

tolk

translator

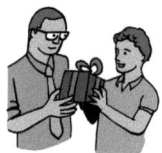

Bedankt.

Thank you

Wat kost ...?

how much is...?

Ik begrijp het niet.

I do not understand

probleem

problem

Goedenavond!

Good evening!

Goedemorgen!

Good morning!

Goedenacht!

Good night!

Tot ziens!

bye bye

richting

direction

bagage

luggage

tas

bag

rugzak

backpack

gast

guest

kamer

room

slaapzak

sleeping bag

tent

tent

VVV-kantoor

tourist information

strand

beach

creditkaart

credit card

ontbijt

breakfast

lunch

lunch

diner

dinner

kaartje

ticket

lift

lift

postzegel

stamp

grens

border

douane

customs

ambassade

embassy

visum

visa

paspoort

passport

transport
transport

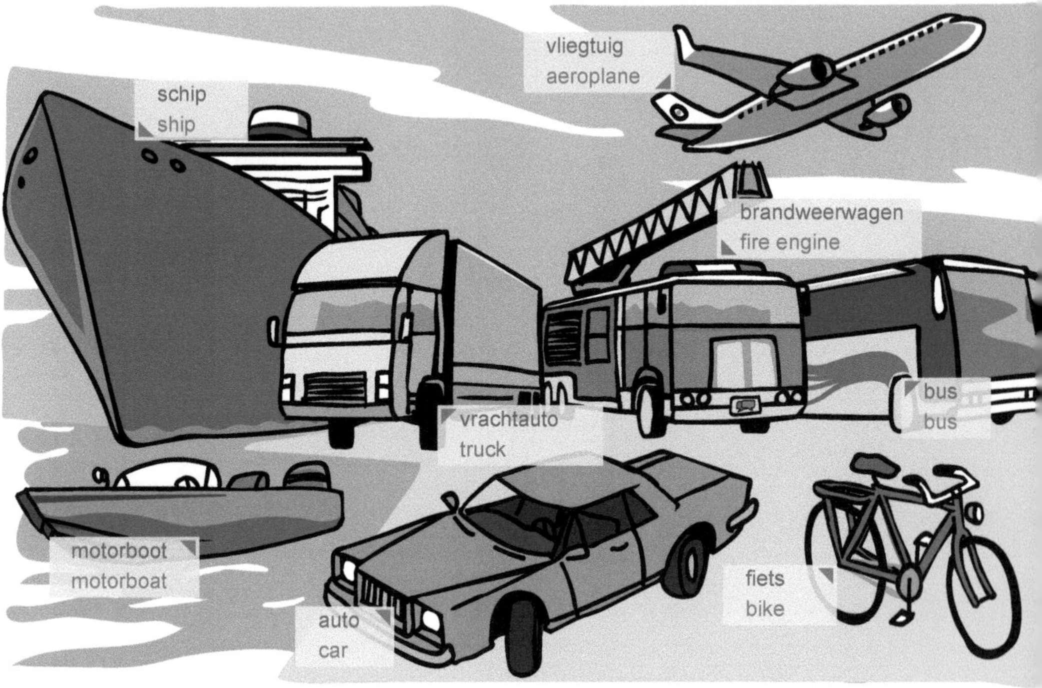
vliegtuig
aeroplane
schip
ship
brandweerwagen
fire engine
bus
bus
vrachtauto
truck
motorboot
motorboat
fiets
bike
auto
car

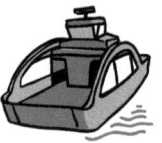

veerboot

ferry

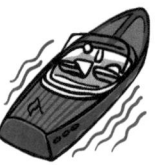

boot

boat

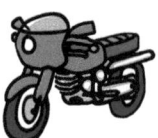

motorfiets

motorbike

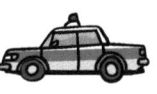

politiewagen

police car

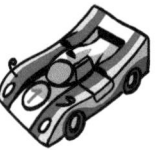

raceauto

racing car

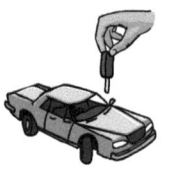

huurauto

rental car

carsharing

car sharing

takelwagen

breakdown truck

vuilniswagen

refuse truck

motor

motor

benzine

fuel

benzinepomp

petrol station

verkeersbord

traffic sign

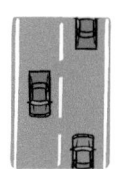

verkeer

traffic

file

traffic jam

parkeerplaats

car park

station

train station

rails

tracks

trein

train

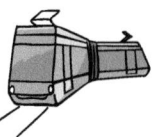

tram

tram

wagon

carriage

helikopter

helicopter

luchthaven

airport

toren

tower

passagier

passenger

container

container

verhuisdoos

carton

kar

cart

mand

basket

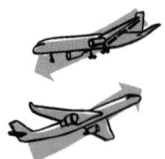

opstijgen / landen

take off / land

stad

city

dorp

village

stadscentrum

city centre

huis

house

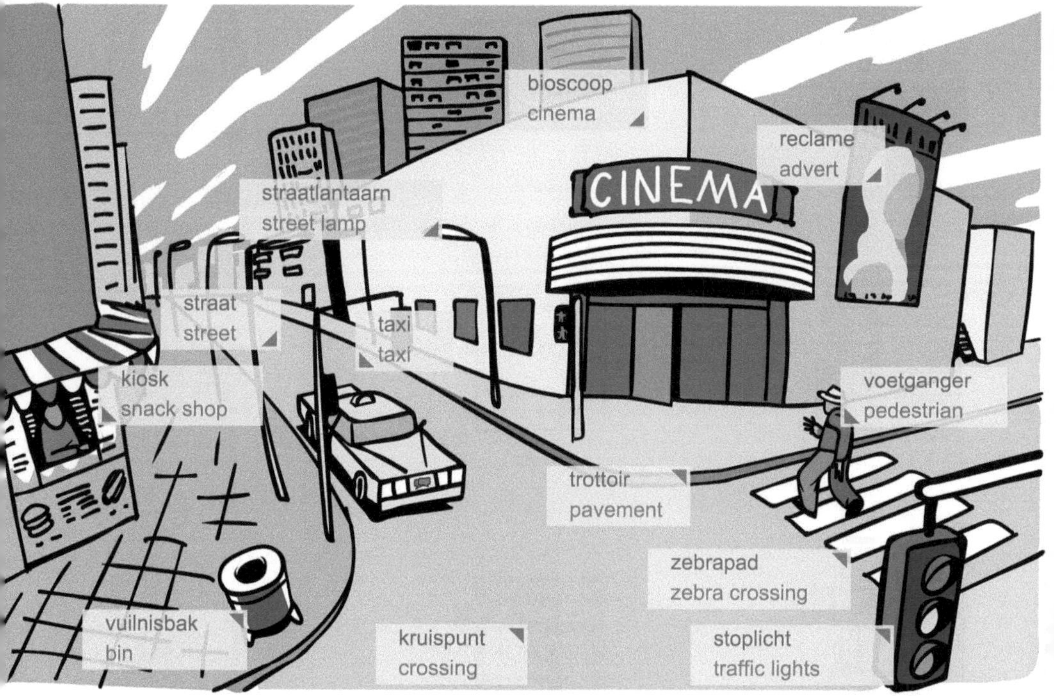

bioscoop / cinema

reclame / advert

straatlantaarn / street lamp

CINEMA

straat / street

taxi / taxi

kiosk / snack shop

voetganger / pedestrian

trottoir / pavement

zebrapad / zebra crossing

vuilnisbak / bin

kruispunt / crossing

stoplicht / traffic lights

hut
....
hut

appartement
....
flat

station
....
train station

stadhuis
....
town hall

museum
....
museum

school
....
school

universiteit
university

bank
bank

ziekenhuis
hospital

hotel
hotel

apotheek
pharmacy

kantoor
office

boekenwinkel
book shop

winkel
shop

bloemenwinkel
florist's

supermarkt
supermarket

markt
market

warenhuis
department store

visboer
fishmonger's

winkelcentrum
shopping centre

haven
harbour

park
park

bank
bench

brug
bridge

trap
stairs

metro
underground

tunnel
tunnel

bushalte
bus stop

bar
bar

restaurant
restaurant

brievenbus
postbox

straatnaambord
street sign

parkeermeter
parking meter

dierentuin
zoo

zwembad
swimming pool

moskee
mosque

boerderij
farm

vervuiling
pollution

begraafplaats
graveyard

kerk
church

speelplaats
playground

tempel
temple

landschap
landscape

blad
leaf

wegwijzer
signpost

weg
way

weide
meadow

steen
stone

boom
tree

wandelaar
hiker

rivier
river

gras
grass

bloem
flower

vallei
valley

berg
hill

meer
lake

bos
forest

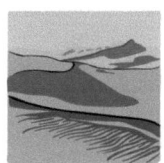

woestijn
desert

vulkaan
volcano

kasteel
castle

regenboog
rainbow

paddenstoel
mushroom

palmboom
palm tree

mug
mosquito

vlieg
fly

mier
ant

bij
bee

spin
spider

kever

beetle

kikker

frog

eekhoorn

squirrel

egel

hedgehog

haas

hare

uil

owl

vogel

bird

zwaan

swan

wild zwijn

boar

hert

deer

eland

moose

stuwdam

dam

windmolen

wind turbine

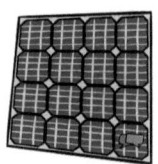

zonnepaneel

solar panel

klimaat

climate

restaurant
restaurant

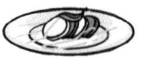

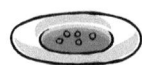

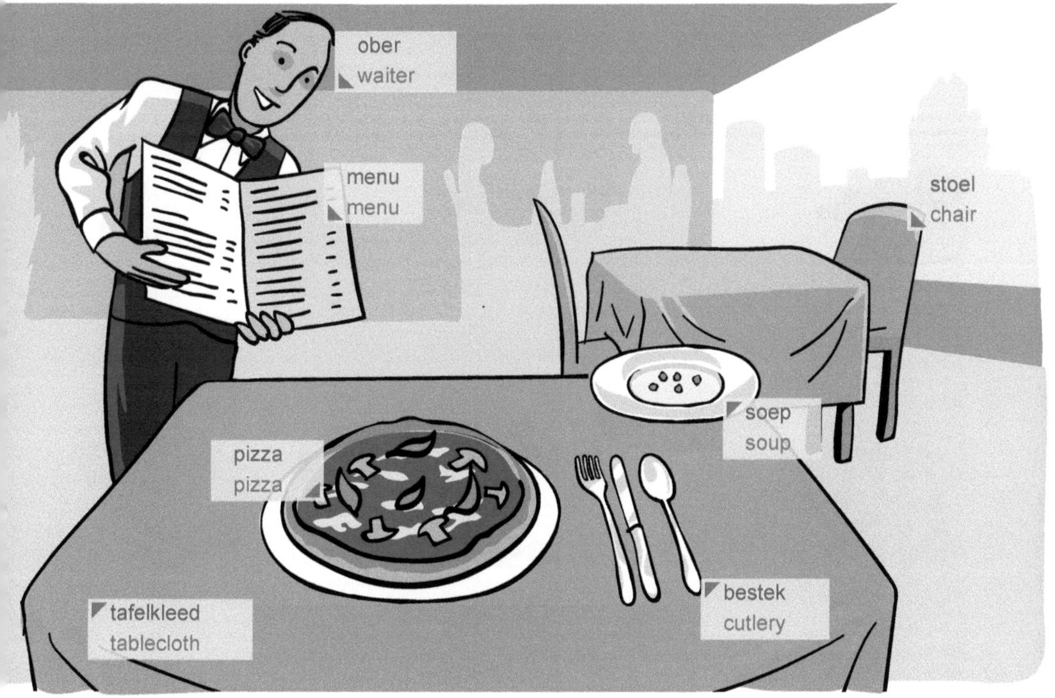

ober
waiter
menu
menu
stoel
chair
soep
soup
pizza
pizza
bestek
cutlery
tafelkleed
tablecloth

voorgerecht

starter

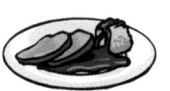

hoofdgerecht

main course

toetje

dessert

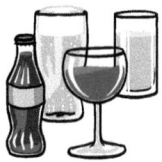

dranken

drinks

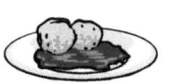

eten

food

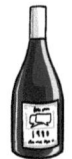

fles

bottle

fastfood

fast food

eetkraampje

street food

theepot

teapot

suikerpot

sugar bowl

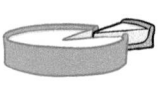

portie

portion

espressomachine

espresso machine

kinderstoel

high chair

rekening

bill

dienblad

tray

mes

knife

vork

fork

lepel

spoon

theelepel

teaspoon

servet

serviette

glas

glass

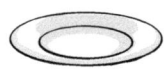

bord

plate

soepbord

soup plate

schotel

saucer

saus

sauce

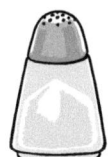

zoutvaatje

salt pot

pepermolen

pepper mill

azijn

vinegar

olie

oil

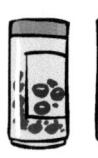

kruiden

spices

ketchup

ketchup

mosterd

mustard

mayonaise

mayonnaise

supermarkt
supermarket

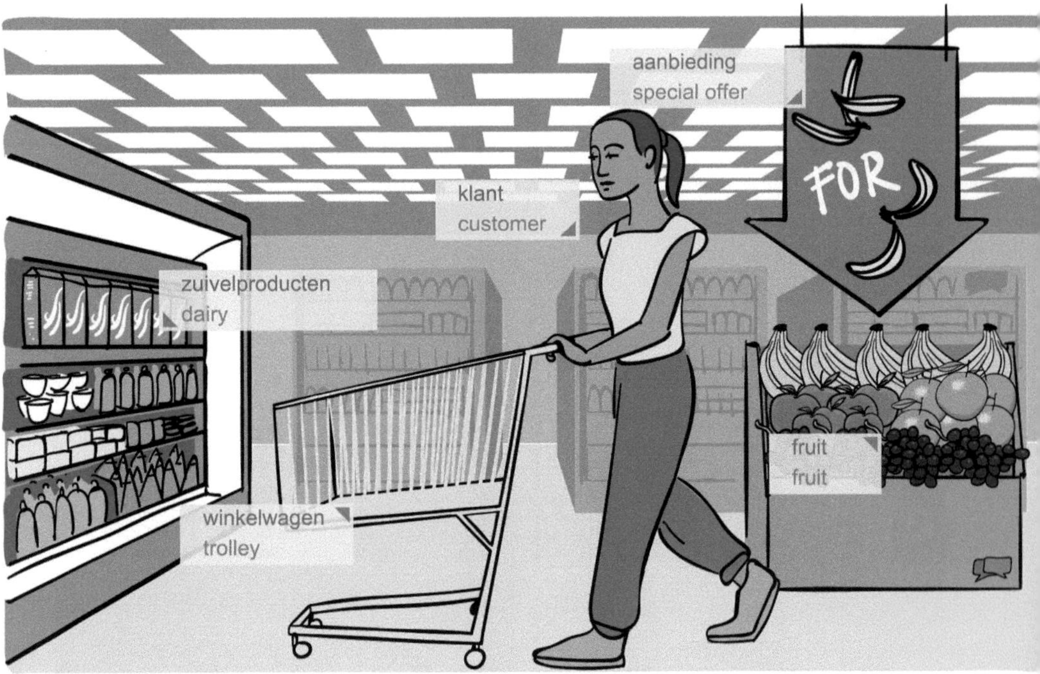

aanbieding
special offer
FOR
klant
customer
zuivelproducten
dairy
fruit
fruit
winkelwagen
trolley

BUTCHERS

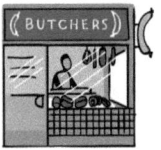

slager
butcher´s

BAKERY

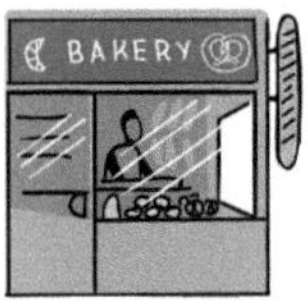

bakkerij
baker´s

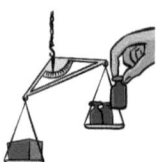

wegen
weigh

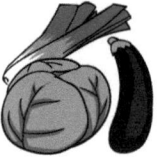

groente
vegetables

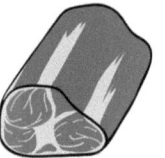

vlees
meat

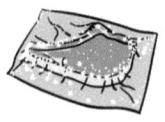

diepvriesproducten
frozen food

vleeswaren

cold meat

conserven

tinned food

wasmiddel

washing powder

snoepgoed

sweets

huishoudelijke artikelen

household products

schoonmaakmiddel

cleaning products

verkoopster

salesperson

kassa

till

kassier

cashier

boodschappenlijstje

shopping list

openingstijden

opening hours

portefeuille

wallet

creditkaart

credit card

tas

bag

plastic zak

plastic bag

water

water

sap

juice

melk

milk

cola

coke

wijn

wine

bier

beer

alcohol

alcohol

chocolademelk

cocoa

thee

tea

koffie

coffee

espresso

espresso

cappuccino

cappuccino

banaan

banana

appel

apple

sinaasappel

orange

watermeloen

melon

citroen

lemon

wortel

carrot

knoflook

garlic

bamboe

bamboo

ui

onion

paddenstoel

mushroom

noten

nuts

pasta

noodles

spaghetti

spaghetti

rijst

rice

salade

salad

friet

chips

gebakken aardappelen

fried potatoes

pizza

pizza

hamburger

hamburger

sandwich

sandwich

schnitzel

cutlet

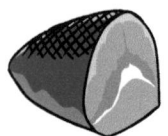

ham

ham

salami

salami

worst

sausage

kip

chicken

gebraad

roast

vis

fish

havermout

porridge oats

muesli

muesli

cornflakes

cornflakes

meel

flour

croissant

croissant

broodjes

bread roll

brood

bread

toast

toast

koekjes

biscuits

boter

butter

kwark

curd

taart

cake

ei

egg

gebakken ei

fried egg

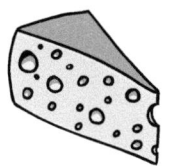

kaas

cheese

ijs

ice cream

suiker

sugar

honing

honey

jam

jam

chocoladepasta

chocolate spread

kerrie

curry

boerderij
farm

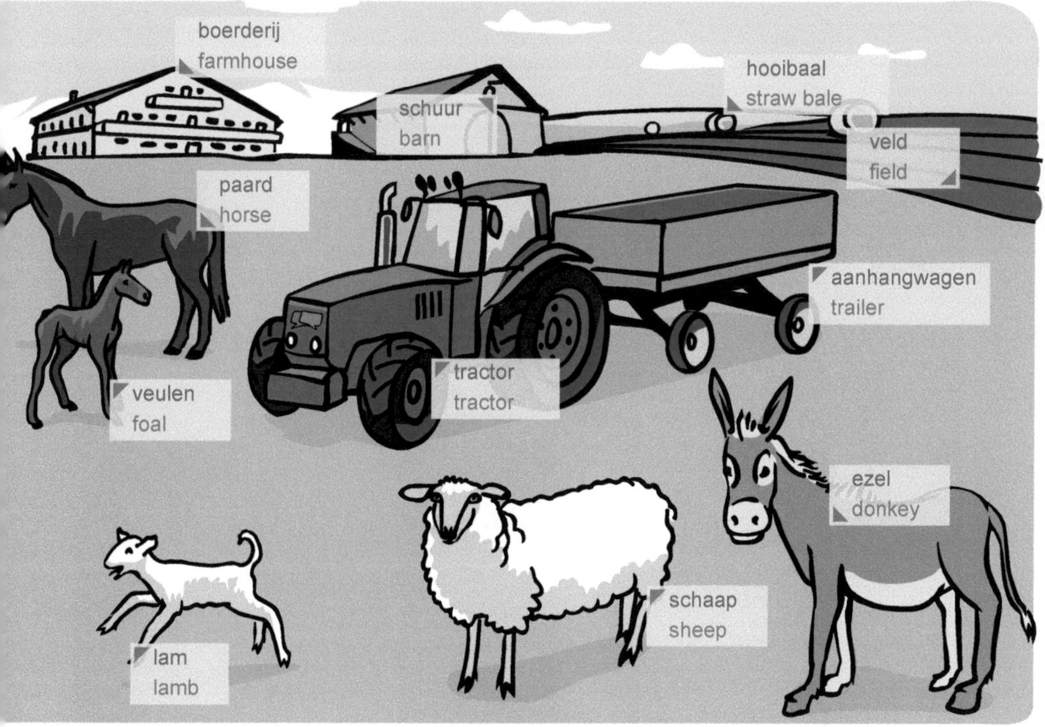
boerderij
farmhouse
schuur
barn
hooibaal
straw bale
veld
field
paard
horse
aanhangwagen
trailer
tractor
tractor
veulen
foal
ezel
donkey
schaap
sheep
lam
lamb

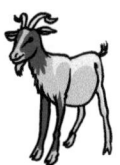

geit

goat

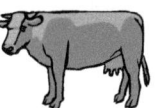

koe

cow

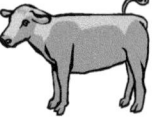

kalf

calf

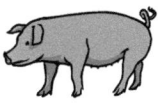

varken

pig

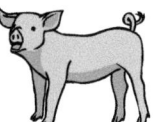

big

piglet

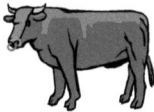

stier

bull

gans

goose

eend

duck

kuiken

chick

kip

hen

haan

cock

rat

rat

kat

cat

muis

mouse

os

ox

hond

dog

hondenhok

doghouse

tuinslang

garden hose

gieter

watering can

zeis

scythe

ploeg

plough

sikkel

sickle

schoffel

hoe

hooivork

pitchfork

bijl

axe

kruiwagen

wheelbarrow

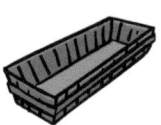

trog

trough

melkbus

milk can

zak

sack

hek

fence

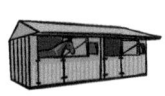

stal

stable

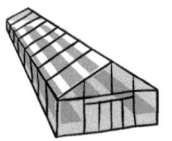

broeikas

greenhouse

grond

soil

zaad

seed

mest

fertilizer

maaidorser

combine harvester

oogsten

harvest

oogst

harvest

yam

yams

tarwe

wheat

soja

soy

aardappel

potato

maïs

corn

koolzaad

rapeseed

fruitboom

fruit tree

maniok

cassava

granen

cereals

huis

house

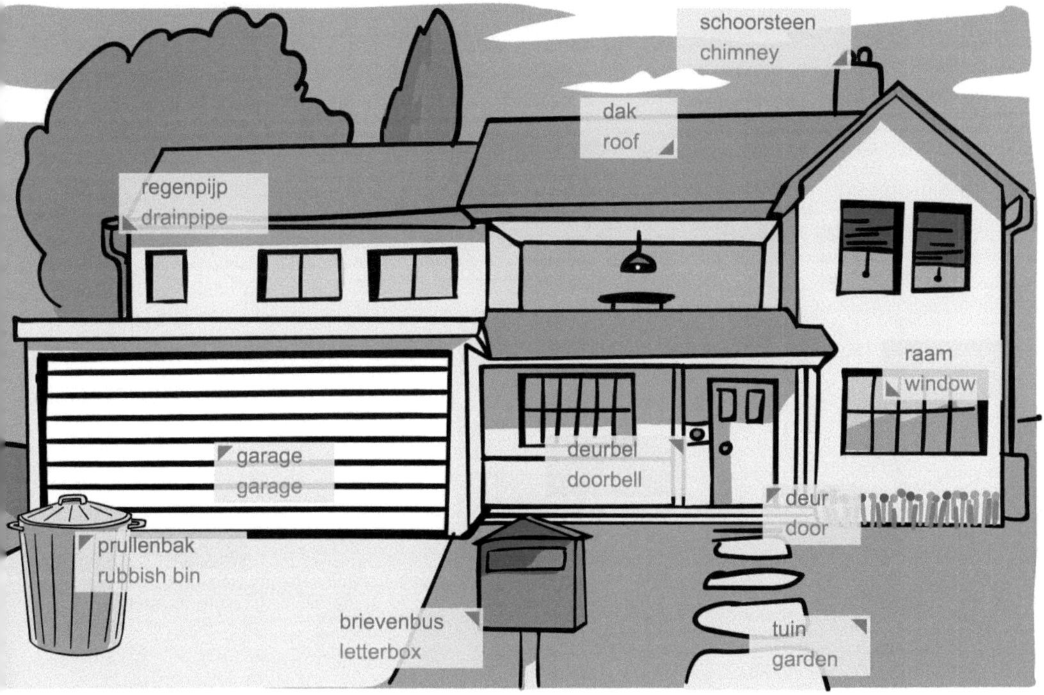

schoorsteen
chimney
dak
roof
regenpijp
drainpipe
raam
window
garage
garage
deurbel
doorbell
deur
door
prullenbak
rubbish bin
brievenbus
letterbox
tuin
garden

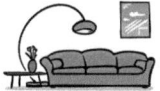

woonkamer

living room

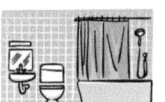

badkamer

bathroom

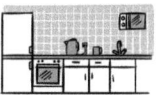

keuken

kitchen

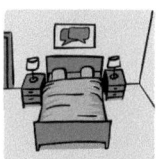

slaapkamer

bedroom

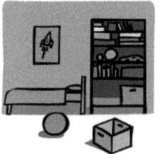

kinderkamer

child's room

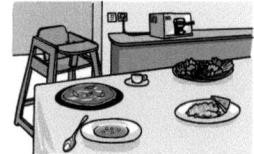

eetkamer

dining room

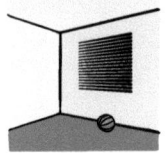

vloer

floor

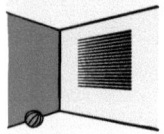

muur

wall

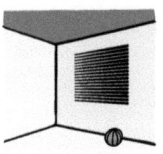

plafond

ceiling

kelder

cellar

sauna

sauna

balkon

balcony

terras

terrace

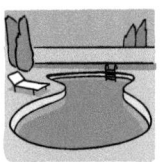

zwembad

pool

grasmaaier

lawn mower

laken

sheet

bedsprei

bedspread

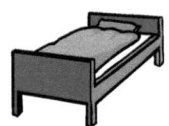

bed

bed

bezem

broom

emmer

bucket

schakelaar

switch

woonkamer
living room

behang
wallpaper
foto
picture
lamp
lamp
plank
shelf
kast
cupboard
televisie
television
open haard
fireplace
bloem
flower
kussen
cushion
bankstel
sofa
vaas
vase
afstandsbediening
remote control

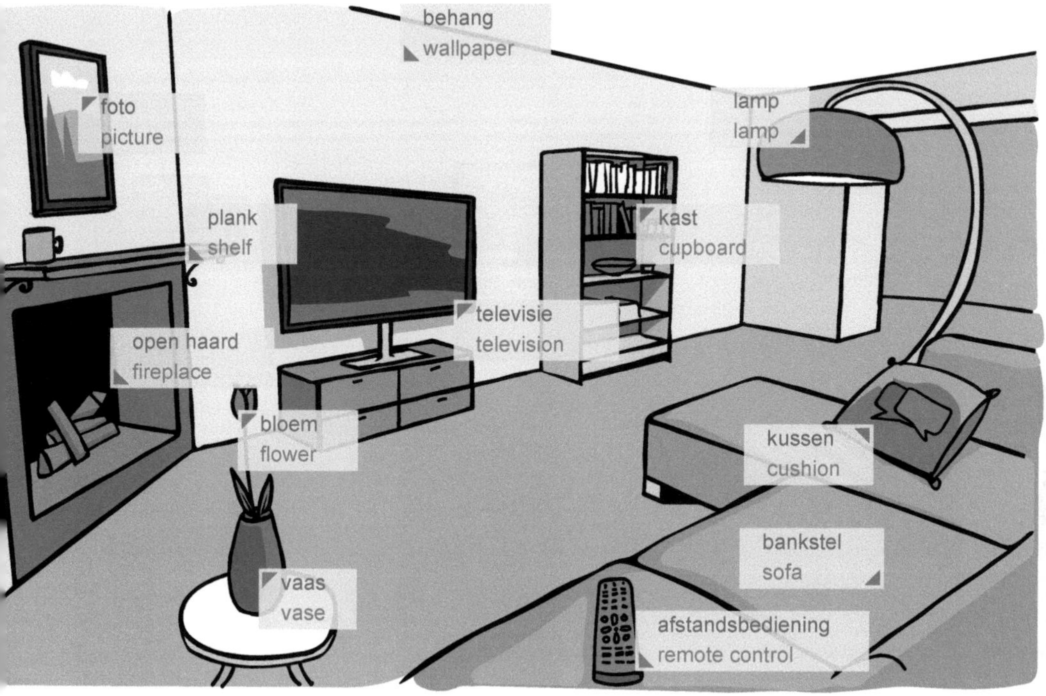

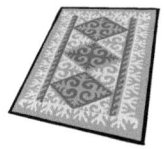

tapijt

carpet

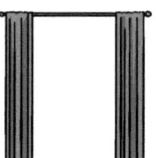

gordijn

curtain

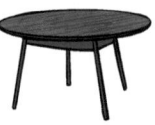

tafel

table

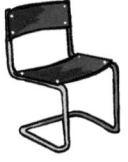

stoel

chair

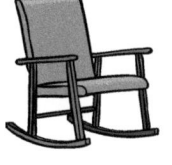

schommelstoel

rocking chair

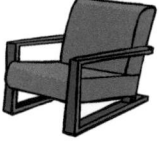

stoel

armchair

boek

book

deken

blanket

decoratie

decoration

brandhout

firewood

film

film

stereo-installatie

hi-fi equipment

sleutel

key

krant

newspaper

schilderij

painting

poster

poster

radio

radio

kladblok

notepad

stofzuiger

hoover

cactus

cactus

kaars

candle

keuken
kitchen

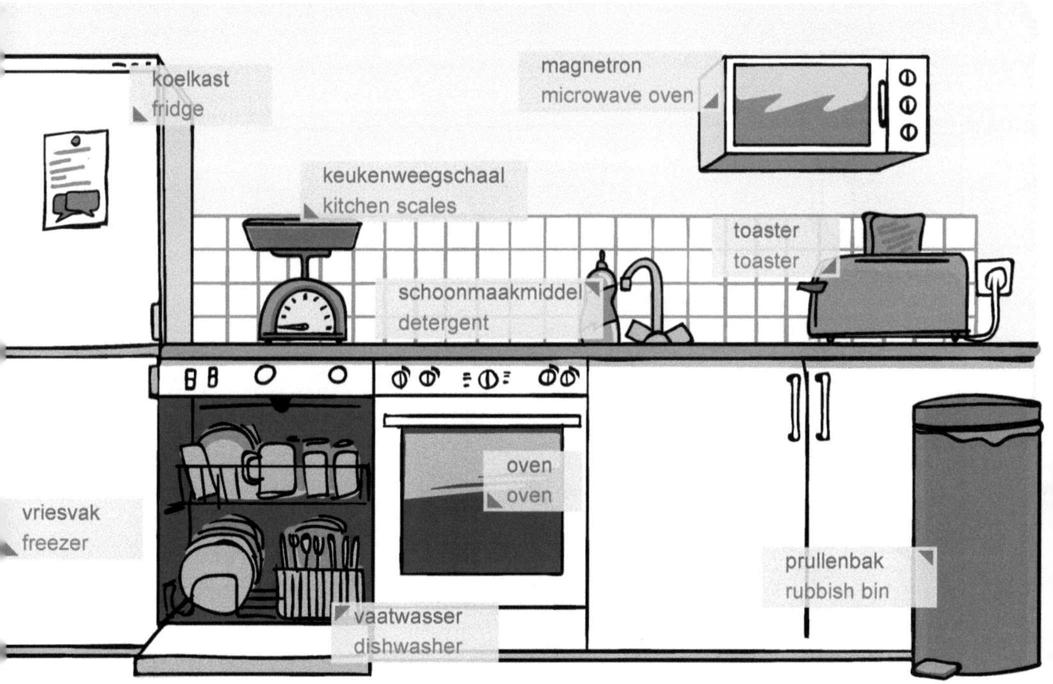
koelkast
fridge
magnetron
microwave oven
keukenweegschaal
kitchen scales
toaster
toaster
schoonmaakmiddel
detergent
oven
oven
vriesvak
freezer
prullenbak
rubbish bin
vaatwasser
dishwasher

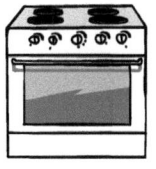

fornuis

cooker

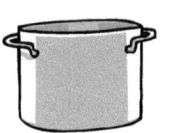

pan

pot

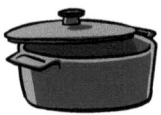

gietijzeren pan

cast-iron pot

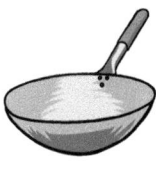

wok / kadai

wok / kadai

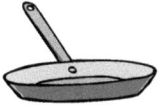

koekenpan

pan

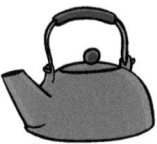

ketel

kettle

stoomkoker

steamer

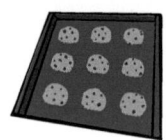

bakplaat

baking tray

servies

crockery

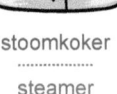

beker

mug

kom

bowl

eetstokjes

chopsticks

soeplepel

ladle

spatel

spatula

garde

whisk

vergiet

strainer

zeef

sieve

rasp

grater

vijzel

mortar

barbecue

barbecue

vuurhaard

open fire

snijplank

chopping board

deegroller

rolling pin

kurkentrekker

corkscrew

blik

can

blikopener

can opener

pannenlap

pot holder

wasbak

sink

borstel

brush

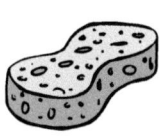

spons

sponge

blender

blender

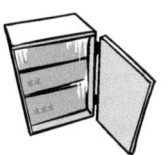

vriezer

deep freezer

babyflesje

baby bottle

kraan

tap

badkamer
bathroom

douche
shower
verwarming
heating
handdoek
towel
douchegordijn
shower curtain
bubbelbad
bubble bath
bad
bathtub
glas
glass
wasmachine
washing machine
kraan
tap
tegels
tiles
potje
potty
wasbak
sink

toilet

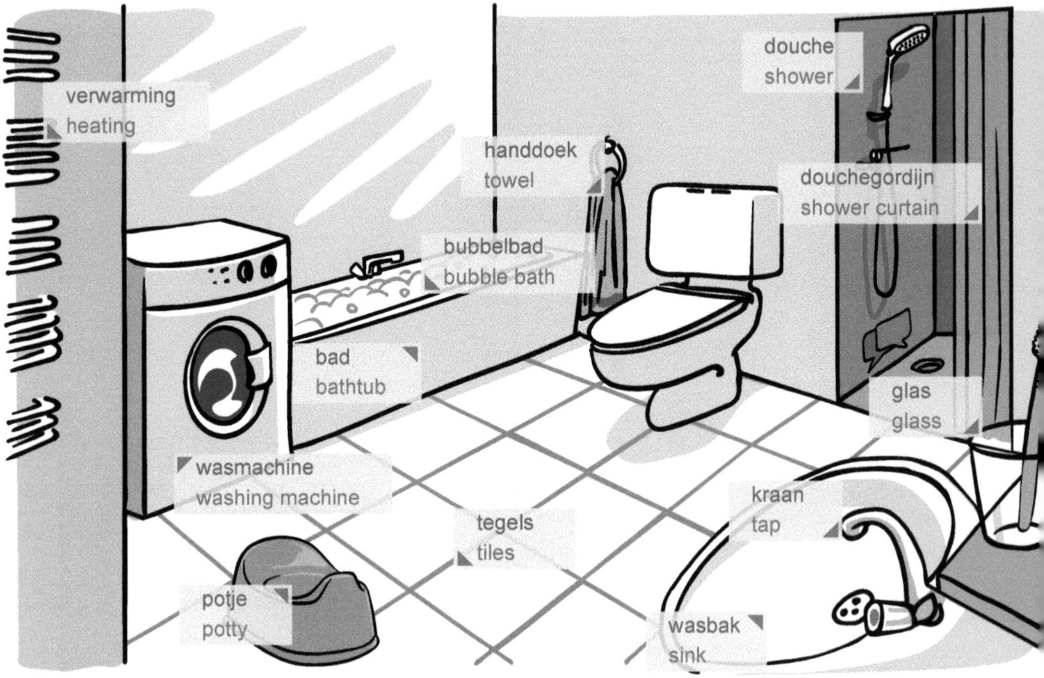

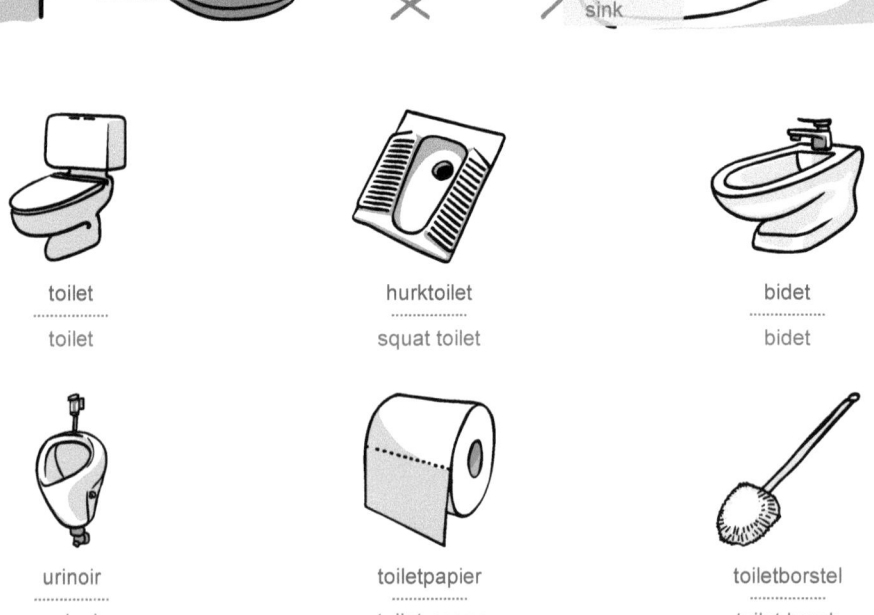

toilet

hurktoilet

squat toilet

bidet

bidet

urinoir

urinal

toiletpapier

toilet paper

toiletborstel

toilet brush

tandenborstel

toothbrush

tandpasta

toothpaste

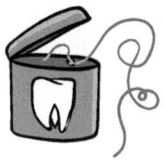

flosdraad

dental floss

wassen

wash

handdouche

handheld shower

toiletdouche

douche

waskom

basin

rugborstel

back brush

zeep

soap

douchegel

shower gel

shampoo

shampoo

washanje

flannel

afvoer

drain

creme

cream

deodorant

deodorant

spiegel
mirror

make-upspiegel
hand mirror

scheermes
razor

scheerschuim
shaving foam

aftershave
aftershave

kam
comb

borstel
brush

haardroger
hair dryer

haarspray
hairspray

make-up
makeup

lippenstift
lipstick

nagellak
nail varnish

watten
cotton wool

nagelschaartje
nail scissors

parfum
perfume

toilettas

washbag

kruk

stool

weegschaal

weighing scale

badjas

bathrobe

rubber handschoenen

rubber gloves

tampon

tampon

maandverband

sanitary towel

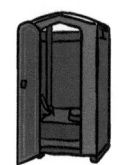

chemisch toilet

chemical toilet

kinderkamer
child's room

wekker
alarm clock
knuffeldier
cuddly toy
speelgoedauto
toy car
rammelaar
rattle
poppenhuis
doll's house
cadeau
present

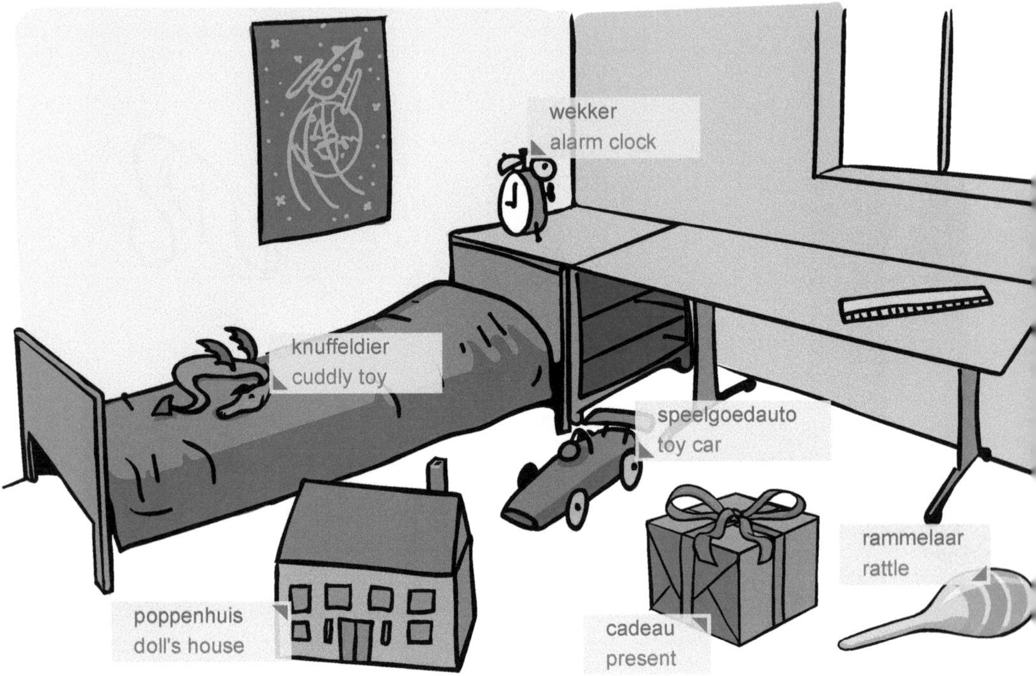

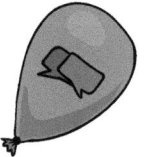

ballon

balloon

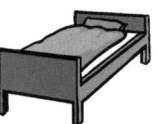

bed

bed

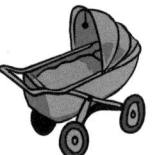

kinderwagen

pram

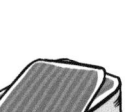

kaartspel

deck of cards

puzzel

jigsaw

SUPER MEGA

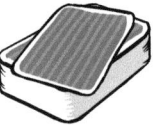

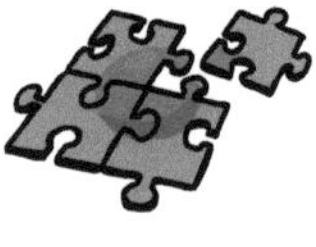

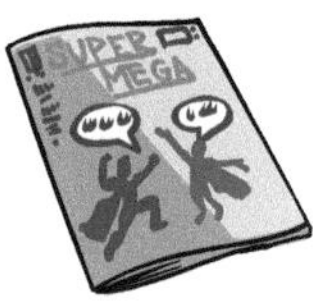

stripverhaal

comic

legostenen

lego bricks

speelgoedblokken

building blocks

actiefiguurtje

action figure

romper

babygrow

frisbee

frisbee

mobile

mobile

bordspel

board game

dobbelsteen

dice

modeltrein

model train set

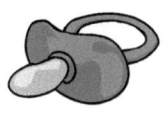

speen

dummy

feestje

party

prentenboek

picture book

bal

ball

pop

doll

spelen

play

zandbak

sandpit

schommel

swing

speelgoed

toys

spelcomputer

video game console

driewieler

tricycle

teddybeer

teddy bear

kleerkast

wardrobe

kleding
clothing

sokken

socks

kousen

stockings

panty

tights

sjaal
scarf

paraplu
umbrella

riem
belt

T-shirt
t-shirt

sportschoenen
trainers

laarzen
boots

pantoffels
slippers

sandalen
sandals

schoenen
shoes

rubberlaarzen
rubber boots

onderbroek
underpants

beha
bra

onderhemd
vest

kleding - clothing

45

body
body

broek
trousers

spijkerbroek
jeans

rok
skirt

blouse
blouse

overhemd
shirt

trui
pullover

hoody
hoodie

blazer
blazer

jas
jacket

mantel
coat

regenjas
raincoat

kostuum
costume

jurk
dress

trouwjurk
wedding dress

pak

suit

nachthemd

nightgown

pyjama

pyjamas

sari

sari

hoofddoek

headscarf

tulband

turban

boerka

burqa

kaftan

kaftan

abaja

abaya

zwempak

swimsuit

zwembroek

trunks

korte broek

shorts

trainingspak

tracksuit

schort

apron

handschoenen

gloves

knoop

button

bril

glasses

armband

bracelet

ketting

necklace

ring

ring

oorbel

earring

pet

cap

kledinghanger

coat hanger

hoed

hat

stropdas

tie

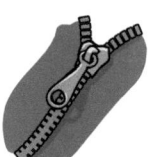

rits

zip

helm

helmet

bretels

braces

schooluniform

school uniform

uniform

uniform

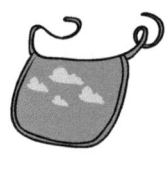

slabbetje

bib

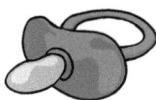

speen

dummy

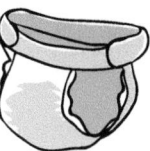

luier

nappy

kantoor

office

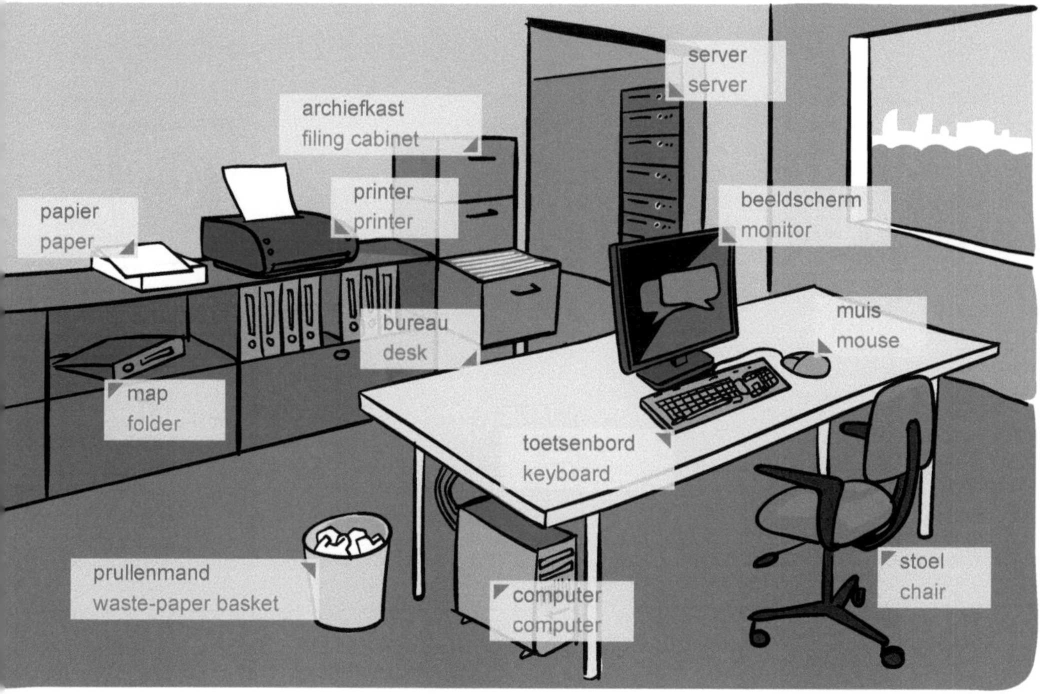

server
server
archiefkast
filing cabinet
printer
printer
papier
paper
beeldscherm
monitor
muis
mouse
bureau
desk
map
folder
toetsenbord
keyboard
prullenmand
waste-paper basket
computer
computer
stoel
chair

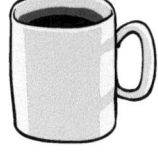

koffiemok

coffee mug

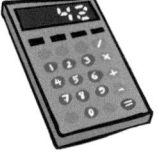

rekenmachine

calculator

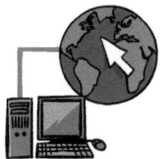

internet

internet

laptop
laptop

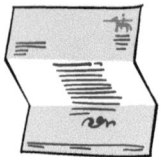

brief
letter

bericht
message

mobiele telefoon
mobile

netwerk
network

kopieermachine
photocopier

software
software

telefoon
telephone

stopcontact
plug socket

fax
fax machine

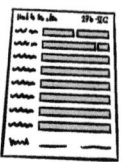

formulier
form

document
document

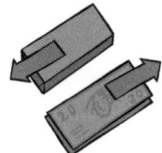

kopen
....
buy

betalen
....
pay

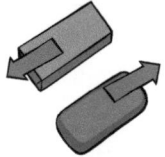

handel drijven
....
trade

geld
....
money

dollar
....
dollar

euro
....
euro

yen
....
yen

roebel
....
rouble

Zwitserse frank
....
Swiss franc

renminbi yuan
....
renminbi yuan

roepie
....
rupee

geldautomaat
....
cashpoint

wisselkantoor

bureau de change

goud

gold

zilver

silver

olie

oil

energie

energy

prijs

price

contract

contract

belasting

tax

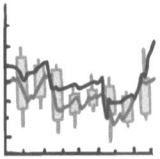

aandeel

stock

werken

work

werknemer

employee

werkgever

employer

fabriek

factory

winkel

shop

beroepen
occupations

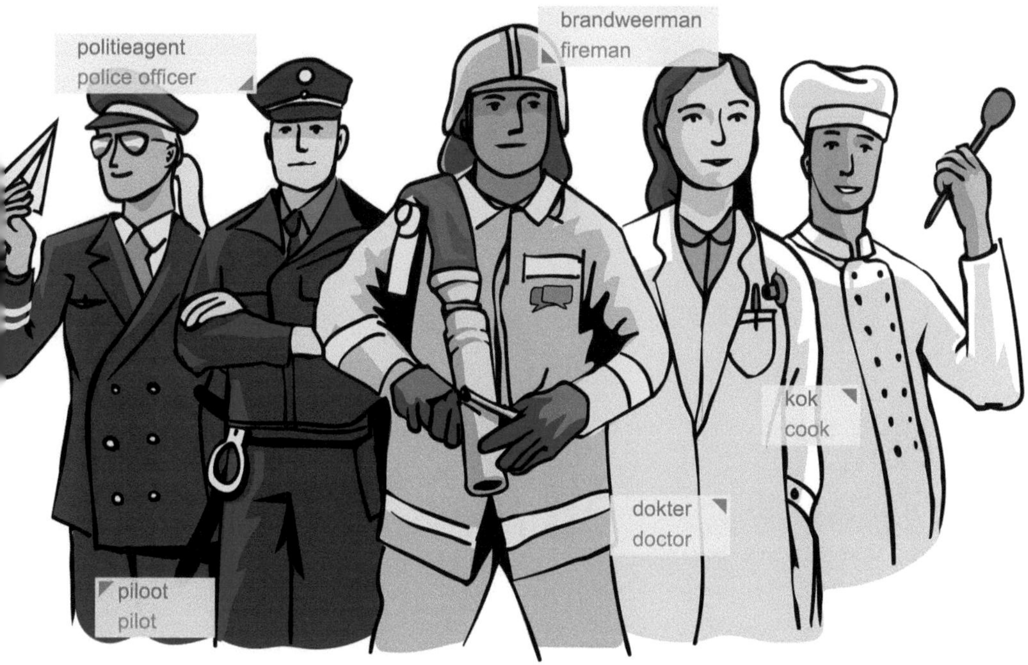
politieagent
police officer
brandweerman
fireman
kok
cook
dokter
doctor
piloot
pilot

tuinman

gardener

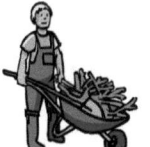

timmerman

carpenter

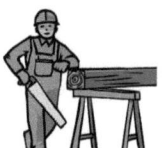

naaister

seamstress

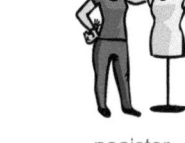

rechter

judge

scheikundige

chemist

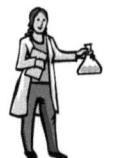

toneelspeler

actor

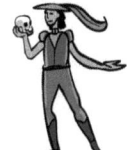

buschauffeur

bus driver

taxichauffeur

taxi driver

visser

fisherman

schoonmaakster

cleaning lady

dakdekker

roofer

ober

waiter

jager

hunter

schilder

painter

bakker

baker

elektricien

electrician

bouwvakker

builder

ingenieur

engineer

slager

butcher

loodgieter

plumber

postbode

postman

soldaat
soldier

architect
architect

kassier
cashier

bloemist
florist

kapper
hairdresser

conducteur
conductor

monteur
mechanic

kapitein
captain

tandarts
dentist

wetenschapper
scientist

rabbi
rabbi

imam
imam

monnik
monk

pastoor
clergyman

gereedschap

tools

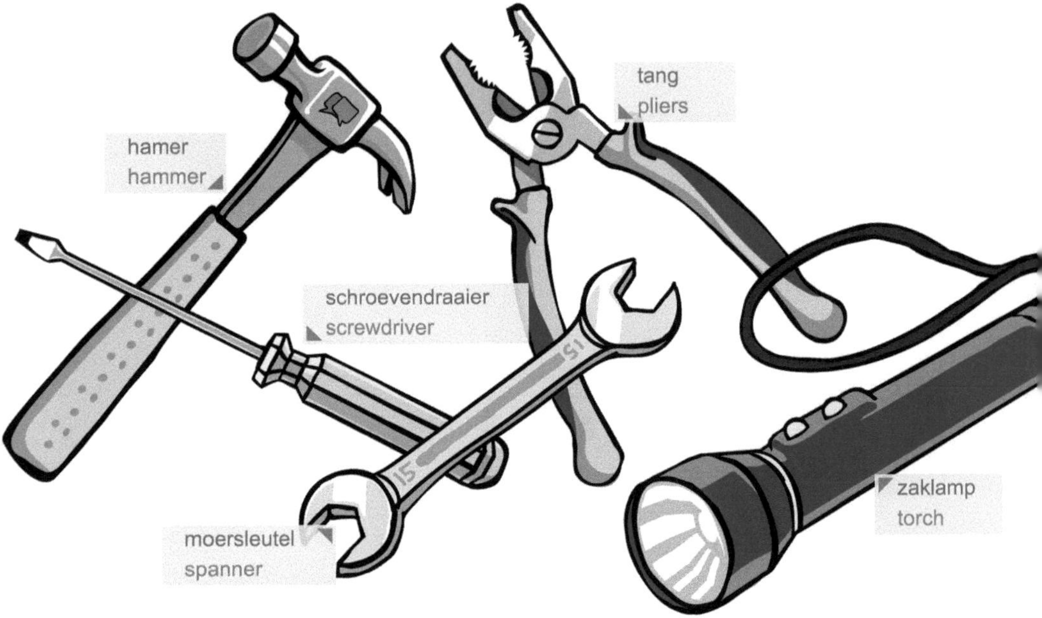
hamer
hammer
tang
pliers
schroevendraaier
screwdriver
moersleutel
spanner
zaklamp
torch

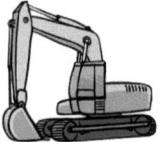

graafmachine

digger

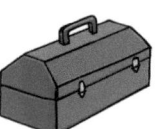

gereedschapskist

toolbox

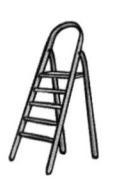

ladder

ladder

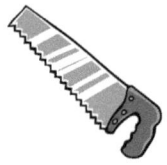

zaag

saw

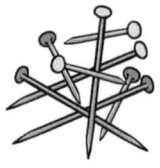

spijkers

nails

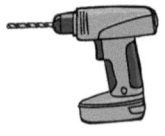

boor

drill

repareren

repair

schep

shovel

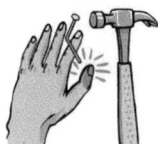

Verdorie!

Damn!

stofblik

dustpan

verfpot

paint pot

schroeven

screws

muziekinstrumenten
musical instruments

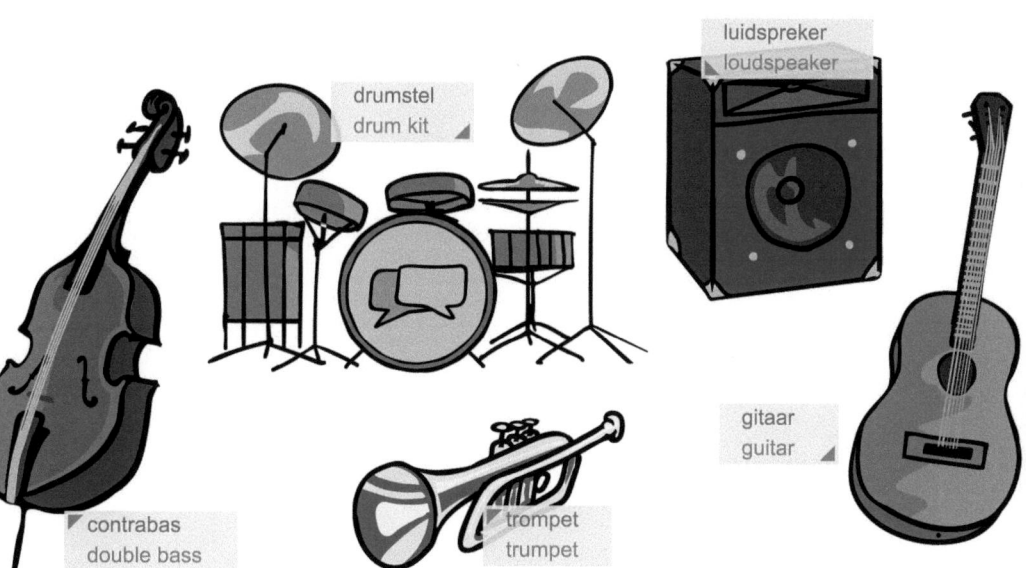

drumstel
drum kit

luidspreker
loudspeaker

contrabas
double bass

trompet
trumpet

gitaar
guitar

piano
piano

viool
violin

bas
bass

pauk
timpani

trommel
drums

keyboard
keyboard

saxofoon
saxophone

fluit
flute

microfoon
microphone

dierentuin

zoo

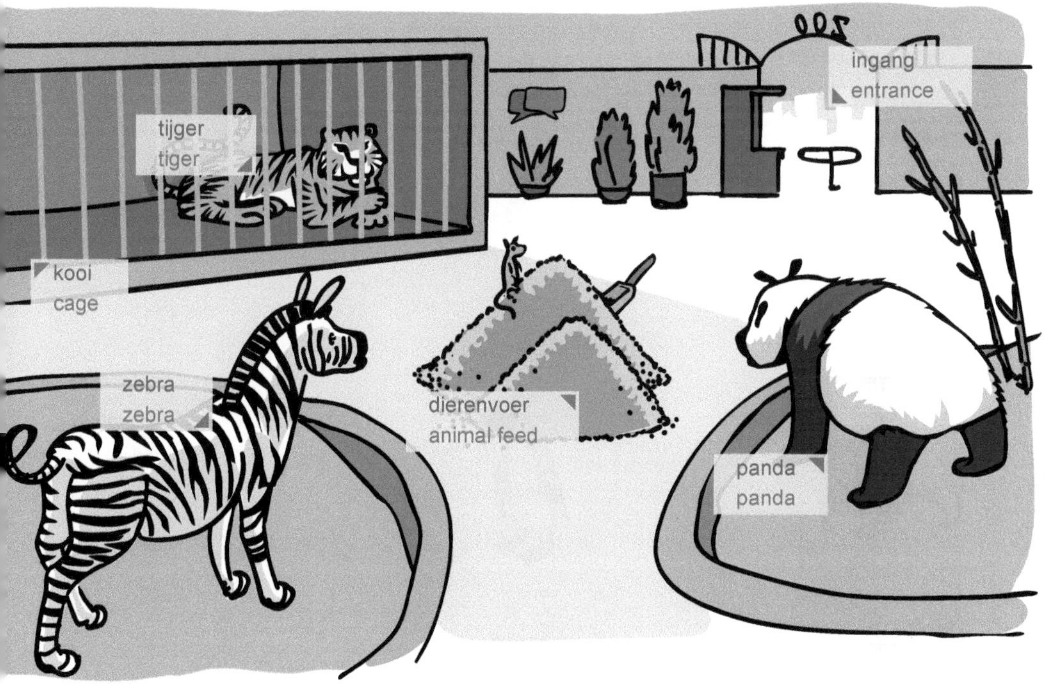
tijger
tiger
ingang
entrance
kooi
cage
zebra
zebra
dierenvoer
animal feed
panda
panda

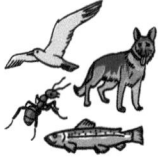

dieren

animals

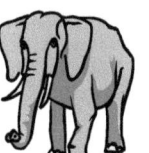

olifant

elephant

kangoeroe

kangaroo

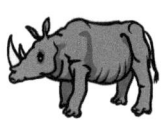

neushoorn

rhino

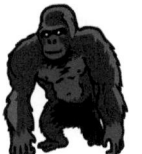

gorilla

gorilla

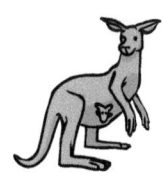

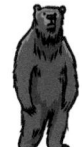

beer

bear

kameel

camel

struisvogel

ostrich

leeuw

lion

aap

monkey

flamingo

flamingo

papegaai

parrot

ijsbeer

polar bear

pinguïn

penguin

haai

shark

pauw

peacock

slang

snake

krokodil

crocodile

dierenverzorger

zookeeper

zeehond

seal

jaguar

jaguar

pony

pony

luipaard

leopard

nijlpaard

hippo

giraffe

giraffe

adelaar

eagle

wild zwijn

boar

vis

fish

schildpad

turtle

walrus

walrus

vos

fox

gazelle

gazelle

American football
American football

wielrennen
cycling

tennis
tennis

basketbal
basketball

zwemmen
swimming

boksen
boxing

ijshockey
ice hockey

voetbal
football

badminton
badminton

atletiek
athletics

handbal
handball

skiën
skiing

polo
polo

activiteiten
activities

springen
jump
knuffelen
hug
lachen
laugh
lopen
walk
zingen
sing
dromen
dream
bidden
pray
kussen
kiss

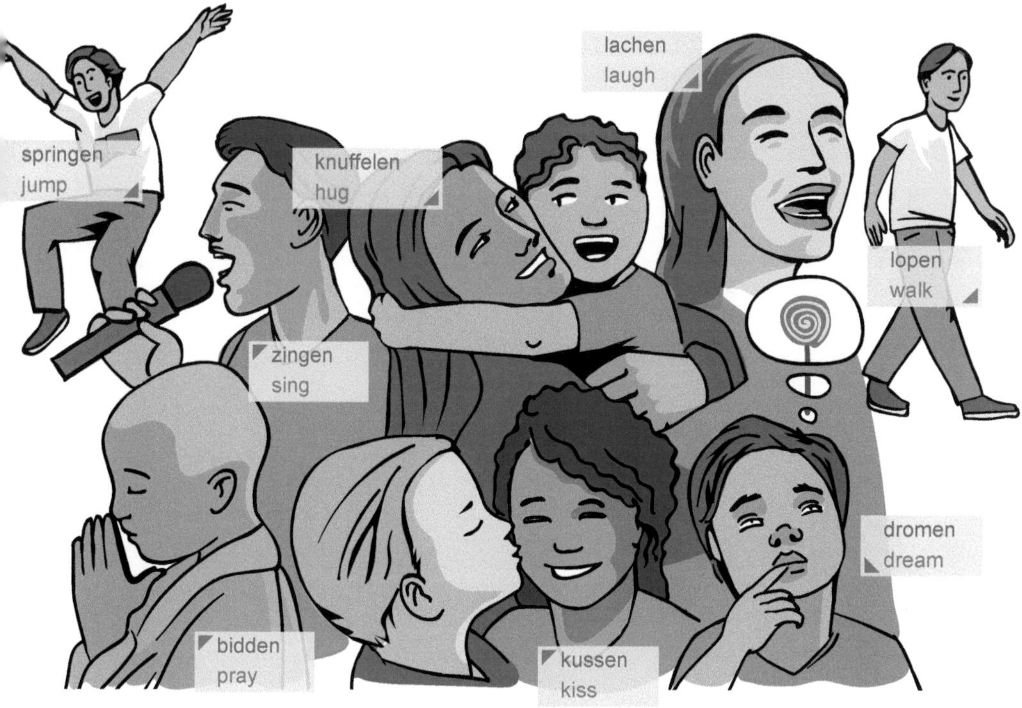

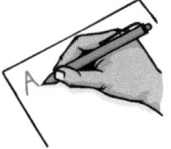

schrijven
write

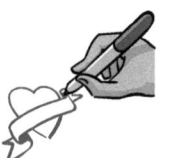

tekenen
draw

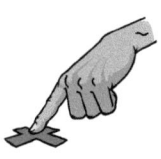

tonen
show

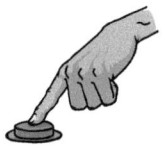

duwen
push

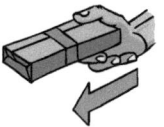

geven
give

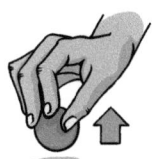

oppakken
take

hebben

have

doen

do

zijn

be

staan

stand

rennen

run

trekken

pull

gooien

throw

vallen

fall

liggen

lie

wachten

wait

dragen

carry

zitten

sit

aankleden

get dressed

slapen

sleep

wakker worden

wake up

activiteiten - activities

bekijken
look at

huilen
cry

strelen
stroke

kammen
comb

praten
talk

begrijpen
understand

vragen
ask

horen
listen

drinken
drink

eten
eat

opruimen
tidy up

houden van
love

koken
cook

rijden
drive

vliegen
fly

zeilen

sail

rekenen

calculate

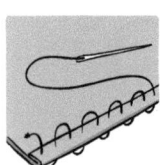

lezen

read

leren

learn

werken

work

trouwen

marry

naaien

sew

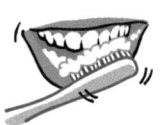

tandenpoetsen

brush teeth

doden

kill

roken

smoke

verzenden

send

familie
family

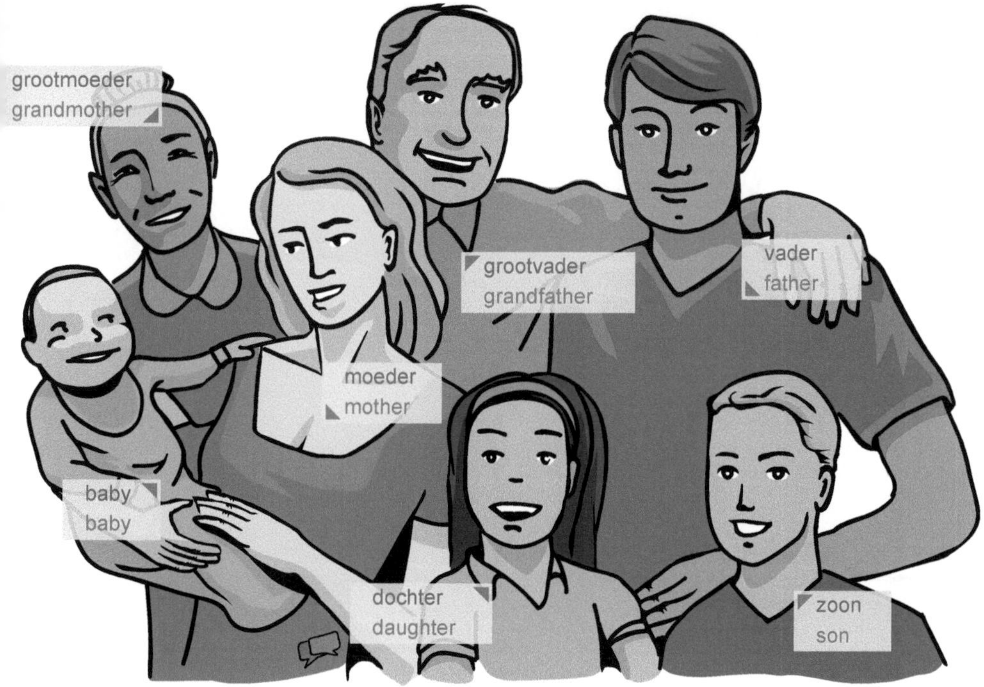
grootmoeder
grandmother
grootvader
grandfather
vader
father
moeder
mother
baby
baby
dochter
daughter
zoon
son

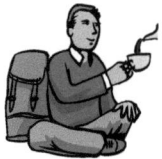

gast

guest

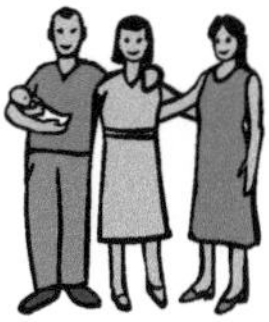

tante

aunt

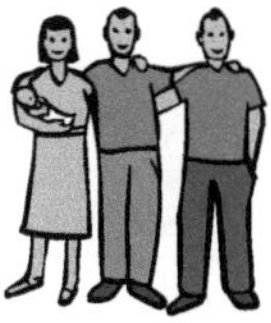

oom

uncle

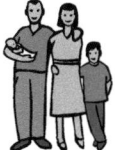

broer

brother

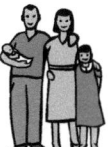

zus

sister

lichaam

body

voorhoofd
forehead
oog
eye
schouder
shoulder
vinger
finger
gezicht
face
kin
chin
hand
hand
been
leg
borst
breast
arm
arm

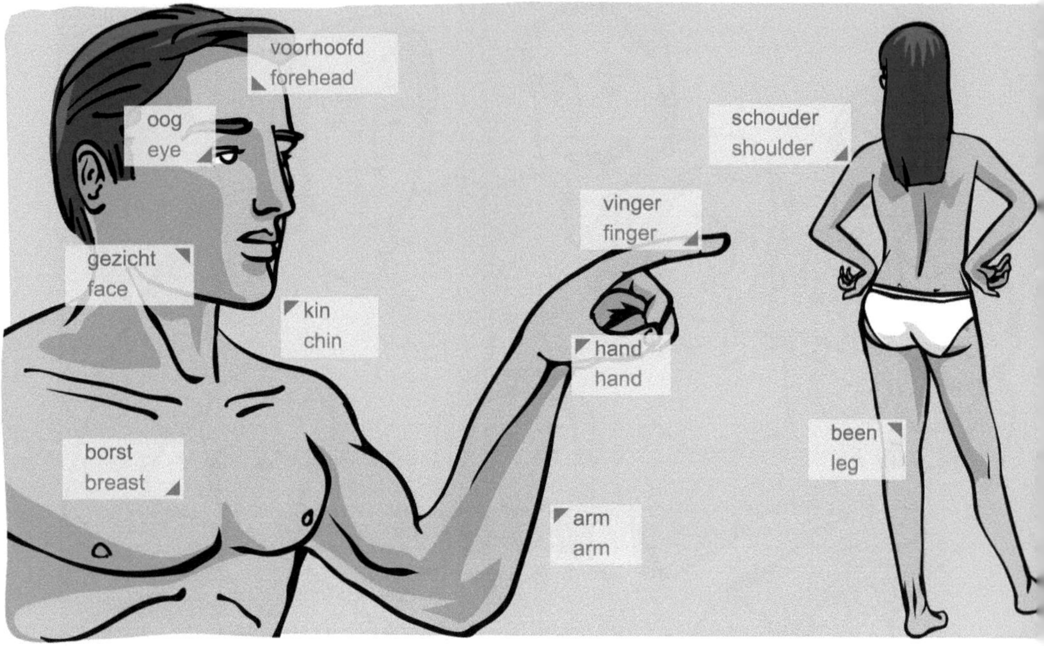

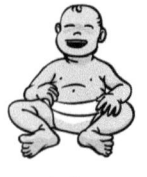

baby

baby

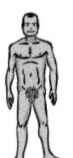

man

man

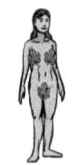

vrouw

woman

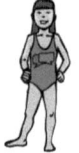

meisje

girl

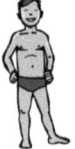

jongen

boy

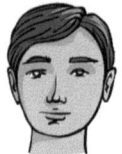

hoofd

head

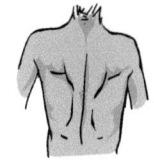

rug

back

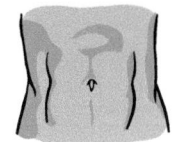

buik

belly

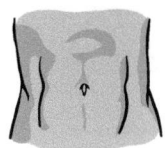

navel

belly button

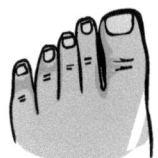

teen

toe

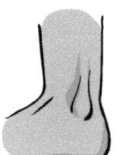

hiel

heel

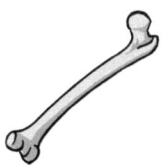

bot

bone

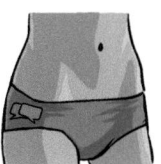

heup

hip

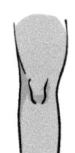

knie

knee

elleboog

elbow

neus

nose

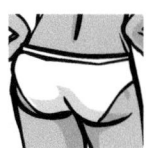

achterwerk

bottom

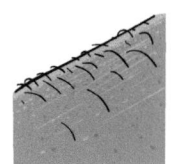

huid

skin

wang

cheek

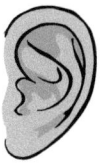

oor

ear

lippen

lip

mond
mouth

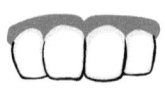

tand
tooth

tong
tongue

hersenen
brain

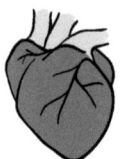

hart
heart

spier
muscle

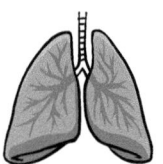

long
lung

lever
liver

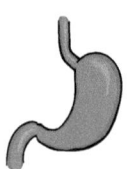

maag
stomach

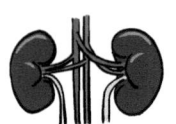

nieren
kidneys

geslachtsgemeenschap
sex

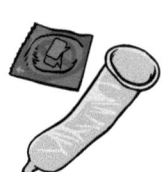

condoom
condom

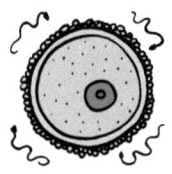

eicel
ovum

sperma
semen

zwangerschap
pregnancy

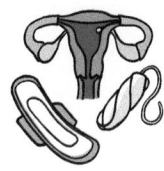

menstruatie
menstruation

vagina
vagina

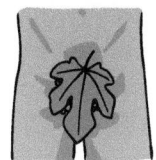

penis
penis

wenkbrauw
eyebrow

haar
hair

hals
neck

ziekenhuis
hospital

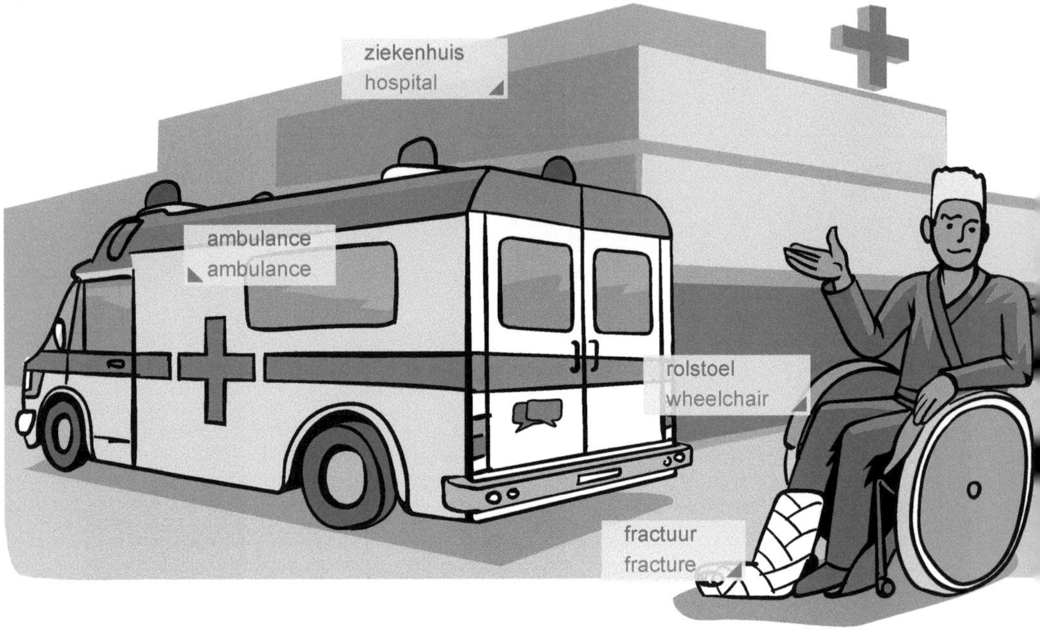

ziekenhuis
hospital
ambulance
ambulance
rolstoel
wheelchair
fractuur
fracture

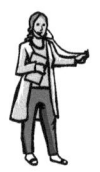

dokter

doctor

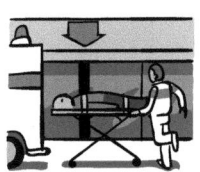

EHBO

emergency room

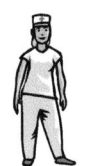

verpleegster

nurse

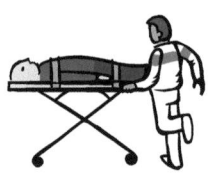

noodgeval

emergency

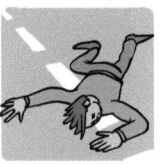

bewusteloos

unconscious

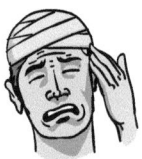

pijn

pain

verwonding

injury

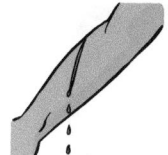

bloeding

bleeding

hartaanval

heart attack

beroerte

stroke

allergie

allergy

hoest

cough

koorts

fever

griep

flu

diarree

diarrhoea

hoofdpijn

headache

kanker

cancer

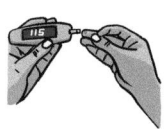

diabetes

diabetes

chirurg

surgeon

scalpel

scalpel

operatie

operation

CT

CT

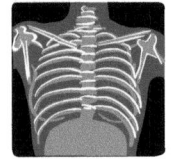

röntgen

x-ray

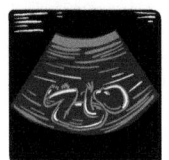

echografie

ultrasound

gezichtsmasker

face mask

ziekte

disease

wachtkamer

waiting room

kruk

crutch

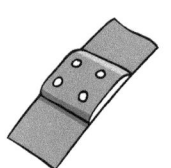

pleister

plaster

verband

bandage

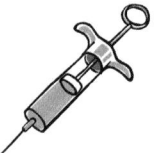

injectie

injection

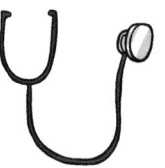

stethoscoop

stethoscope

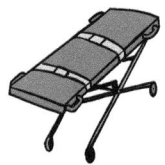

brancard

stretcher

thermometer

clinical thermometer

geboorte

birth

overgewicht

overweight

gehoorapparaat

hearing aid

ontsmettingsmiddel

disinfectant

infectie

infection

virus

virus

HIV / AIDS

HIV / AIDS

medicijn

medicine

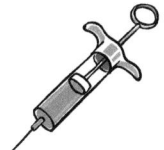

inenting

vaccination

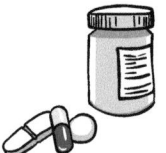

tabletten

tablets

pil

pill

alarmnummer

emergency call

bloeddrukmeter

blood pressure monitor

ziek / gezond

ill / healthy

Help!

Help!

alarm

alarm

overval

assault

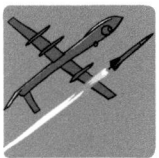

aanval

attack

gevaar

danger

nooduitgang

emergency exit

Brand!

Fire!

brandblusser

fire extinguisher

ongeluk

accident

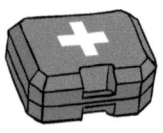

EHBO-koffer

first-aid kit

SOS

SOS

politie

police

Europa

Europe

Noord-Amerika

North America

Zuid-Amerika

South America

Afrika

Africa

Azië

Asia

Australië

Australia

Atlantische Oceaan

Atlantic

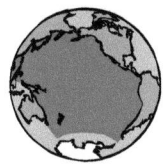

Stille Oceaan

Pacific

Indische Oceaan

Indian Ocean

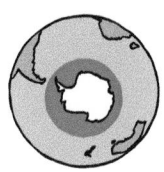

Zuidelijke Oceaan

Antarctic Ocean

Noordelijke IJszee

Arctic Ocean

Noordpool

North Pole

Zuidpool

South Pole

Antarctica

Antarctica

aarde

Earth

land

land

zee

sea

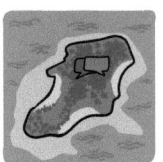

eiland

island

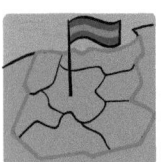

natie

nation

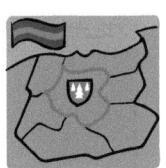

staat

state

wijzerplaat

clock face

uurwijzer

hour hand

minutenwijzer

minute hand

secondewijzer

second hand

Hoe laat is het?

What time is it?

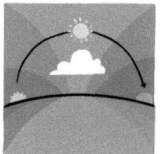

dag

day

tijd

time

nu

now

digitaal horloge

digital watch

minuut

minute

uur

hour

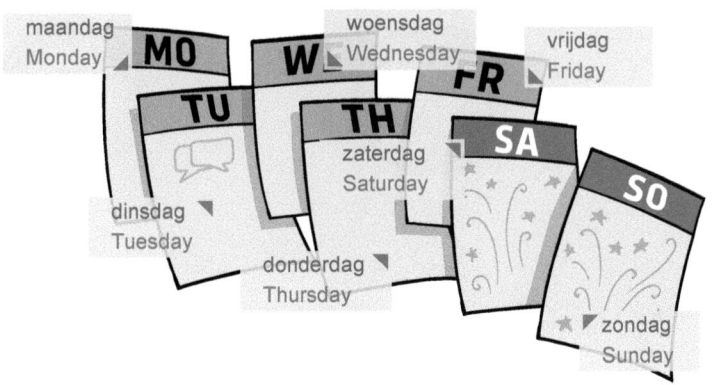

gisteren

yesterday

vandaag

today

morgen

tomorrow

ochtend

morning

middag

noon

avond

evening

werkdagen

business days

weekend

weekend

jaar

year

regen
rain
regenboog
rainbow
wind
wind
sneeuw
snow
voorjaar
spring
zomer
summer
herfst
autumn
winter
winter

4.APRIL 11°
5.APRIL 4°
6.APRIL 13°
7.APRIL 8°
8.APRIL 10°

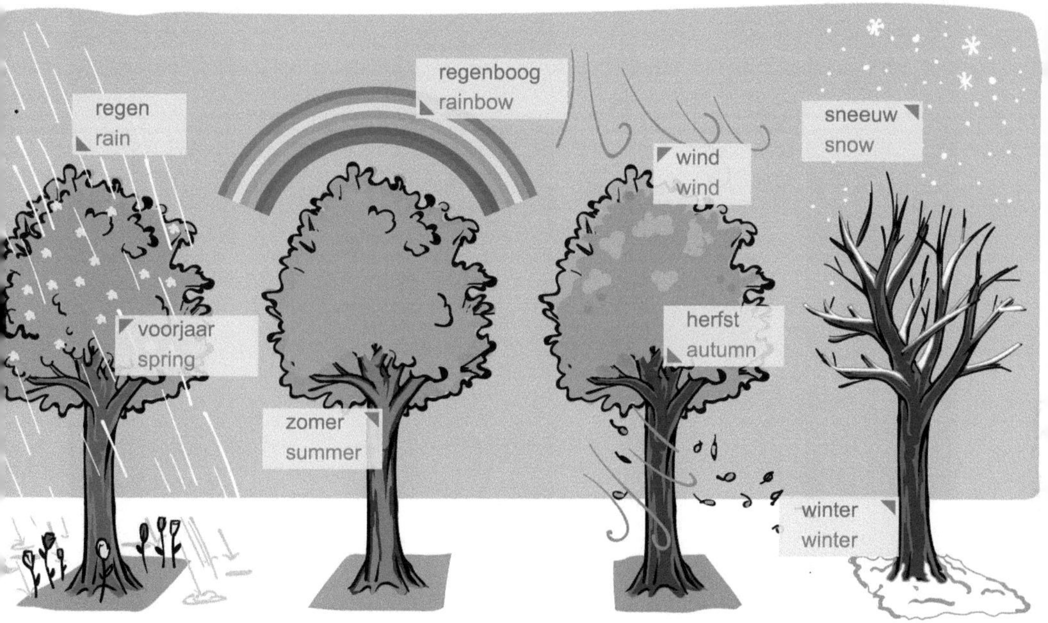

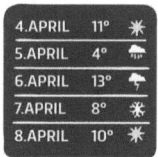

weerbericht

weather forecast

F
C
120
90
60
30
0
-30
40
30
20
10
0
-10
-20

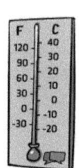

thermometer

thermometer

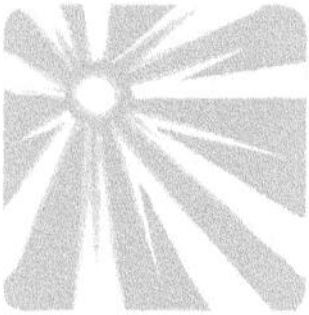

zonneschijn

sunshine

wolk

cloud

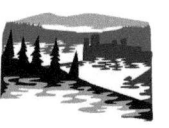

mist

fog

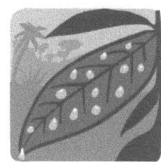

luchtvochtigheid

humidity

bliksem

lightning

donder

thunder

storm

storm

hagel

hail

moesson

monsoon

overstroming

flood

ijs

ice

januari

January

februari

February

maart

March

april

April

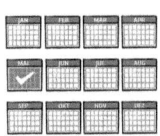

mei

May

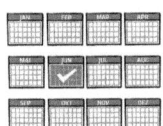

juni

June

juli

July

augustus

August

jaar - year

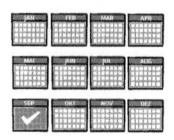

september
September

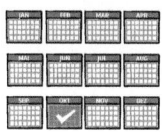

oktober
October

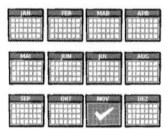

november
November

december
December

vormen
shapes

cirkel
circle

vierkant
square

rechthoek
rectangle

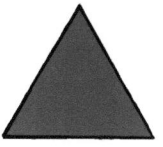

driehoek
triangle

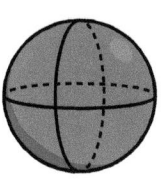

bol
sphere

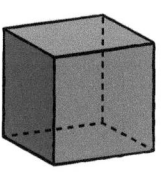

kubus
cube

kleuren
colours

wit

white

geel

yellow

oranje

orange

roze

pink

rood

red

paars

purple

blauw

blue

groen

green

bruin

brown

grijs

grey

zwart

black

veel / weinig

a lot / a little

boos / rustig

angry / calm

mooi / lelijk

beautiful / ugly

begin / einde

beginning / end

groot / klein

big / small

licht / donker

bright / dark

broer / zus

brother / sister

schoon / vies

clean / dirty

volledig / onvolledig

complete / incomplete

dag/ nacht

day / night

dood / levend

dead / alive

breed / smal

wide / narrow

eetbaar / oneetbaar

edible / inedible

gemeen / aardig

evil / kind

opgewonden / verveeld

excited / bored

dik / dun

fat / thin

eerste / laatste

first / last

vriend / vijand

friend / enemy

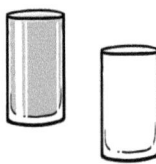

vol / leeg

full / empty

hard / zacht

hard / soft

zwaar / licht

heavy / light

honger / dorst

hunger / thirst

ziek / gezond

ill / healthy

illegaal / legaal

illegal / legal

intelligent / dom

intelligent / stupid

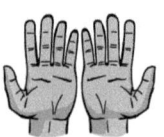

links / rechts

left / right

dichtbij / ver

near / far

nieuw / gebruikt

new / used

niets / iets

nothing / something

oud / jong

old / young

aan / uit

on / off

open / gesloten

open / closed

zacht / luid

quiet / loud

rijk / arm

rich / poor

goed / fout

right / wrong

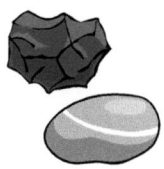

ruw / glad

rough / smooth

verdrietig / gelukkig

sad / happy

kort / lang

short / long

langzaam / snel

slow / fast

nat / droog

wet / dry

warm / koel

warm / cool

oorlog / vrede

war / peace

tegenstellingen - opposites

0	**1**	**2**
nul	één	twee
zero	one	two

3	**4**	**5**
drie	vier	vijf
three	four	five

6	**7**	**8**
zes	zeven	acht
six	seven	eight

9	**10**	**11**
negen	tien	elf
nine	ten	eleven

12

twaalf

twelve

13

dertien

thirteen

14

veertien

fourteen

15

vijftien

fifteen

16

zestien

sixteen

17

zeventien

seventeen

18

achttien

eighteen

19

negentien

nineteen

20

twintig

twenty

100

honderd

hundred

1.000

duizend

thousand

1.000.000

miljoen

million

languages

Engels

English

Amerikaans Engels

American English

Chinees Mandarijn

Chinese Mandarin

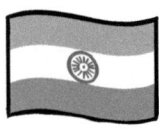

Hindi

Hindi

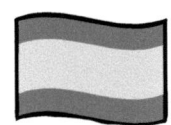

Spaans

Spanish

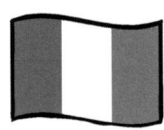

Frans

French

Arabisch

Arabic

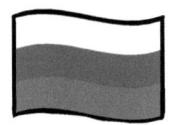

Russisch

Russian

Portugees

Portuguese

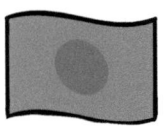

Bengalees

Bengali

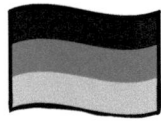

Duits

German

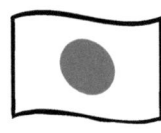

Japans

Japanese

ik

I

jij

you

hij / zij / het

he / she / it

wij

we

jullie

you

zij

they

wie?

who?

wat?

what?

hoe?

how?

waar?

where?

wanneer?

when?

naam

name

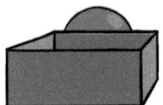

achter

behind

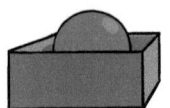

in

in

voor

in front of

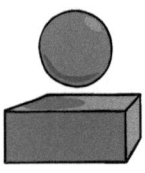

boven

over

op

on

onder

under

naast

beside

tussen

between

plaats

place